nickelodeon

DORA la EXPLORADORA

¡Sigue la pista!

BEASCOA

¡Bienvenidos!

Hello! Me llamo Dora y te presento a mis amigos, Botas y Benny. Pero, un momento, ¿de quién son estas huellas? ¿Quieres descubrirlo con nosotros? ¡Será muy divertido! ¡Adelante, vamos! Let's go!

CABALLO

GRAN POLLO ROJO

COCODRILO

CONEJO

SERPIENTE

CONCHAS

SWIPER

Título original: *Follow Those Feet!*

Primera edición: marzo de 2011

Publicado en 2011 por Beascoa, Random House Mondadori, S.A.
Travessera de Gràcia, 47-49, 08021 Barcelona

Traducción y realización:
MYR Servicios Editoriales S.L.

ISBN: 978-84-488-3046-5
Depósito legal: B-3033-2011
Imprime: Gráficas 94
Encuaderna: Baró

Printed in Spain – Impreso en España

¡Hola! Soy  DORA.  BOTAS y yo hemos visto unas  HUELLAS en  LA ARENA.

¿De quién pueden ser?

¿Son mías, las HUELLAS ?

No, mis pies son más pequeños. No son mías, las  HUELLAS .

¿Serán de BOTAS, las HUELLAS?

No, sus HUELLAS son ovaladas.

No son de Botas, las HUELLAS.

¿De quién son,

las ?

HUELLAS

Si las seguimos,

lo descubriremos.

¡Hola, GRAN POLLO ROJO! ¿Las has hecho tú, las HUELLAS?

No, el pollo tiene tres dedos.

No son suyas, las  .

HUELLAS

¿Son del  CABALLO,

las  HUELLAS?

El caballo lleva HERRADURAS en los pies.
No son suyas, las HUELLAS.

¿Son del  COCODRILO, las huellas?

No, el  COCODRILO tiene las uñas largas. No son suyas, las 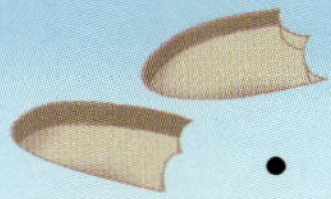 HUELLAS .

¿Son del  CONEJO, las  HUELLAS?

No, el conejo tiene dos pies grandes y dos más pequeños.

No son suyas, las HUELLAS.

¿Son de la SERPIENTE, las HUELLAS?

No, ¡la SERPIENTE no tiene pies!

Camina arrastrándose por el suelo.

No son suyas, las  .

¿Has visto al zorro SWIPER? ¿Son de SWIPER, las HUELLAS?

No, el zorro  SWIPER va a escondidas y camina de puntillas. No son suyas, las  HUELLAS.

Las HUELLAS van hacia
la playa.

Pasan al lado de las  CONCHAS y van hacia el  CASTILLO .

¿Ya sabes de quién son,

las HUELLAS?

¡Son de  BENNY ! ¡Ha venido hasta la playa con las 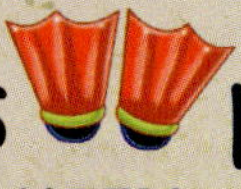 ALETAS puestas!

¡Viva! Siguiendo la pista, por fin sabemos de quién son las 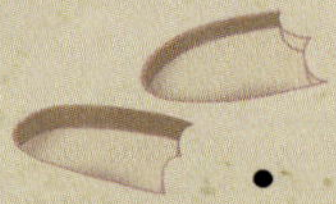 .

HUELLAS

¡Ahora te toca a ti!

¿Qué serpiente aparece una vez?

Continúa las series.

Hay 7 diferencias. Encuéntralas.

Encuentra la imagen correcta.

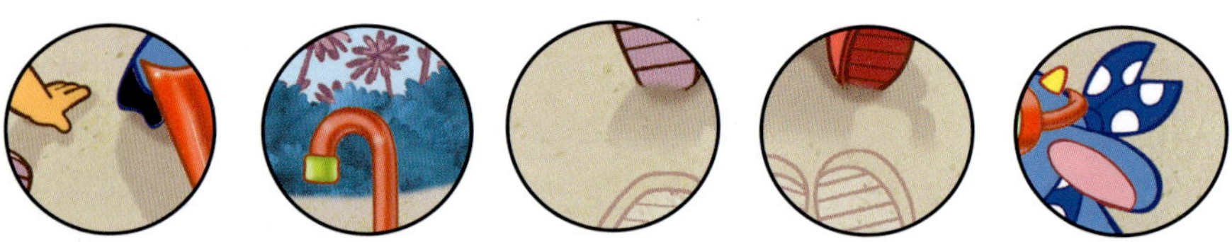

1 2 3 4 5

¿Qué camino lleva hasta Benny?

Pinta esta imagen de Dora.

Algunos de estos animales viven en el mar. ¿Sabes cuáles?

Completa las palabras en inglés.

CABALLO

__o______

GRANJA

f______

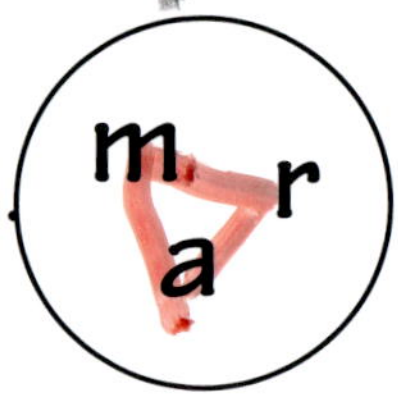

¿Cuál es el objeto intruso?

Ordénalos de mayor a menor.

SOLUCIONES

La serpiente es:

Las series son:

Las 7 diferencias:

Las imágenes:

El camino correcto:

Animales marinos:

Las palabras son:

horse
farm

El intruso:

De mayor a menor:

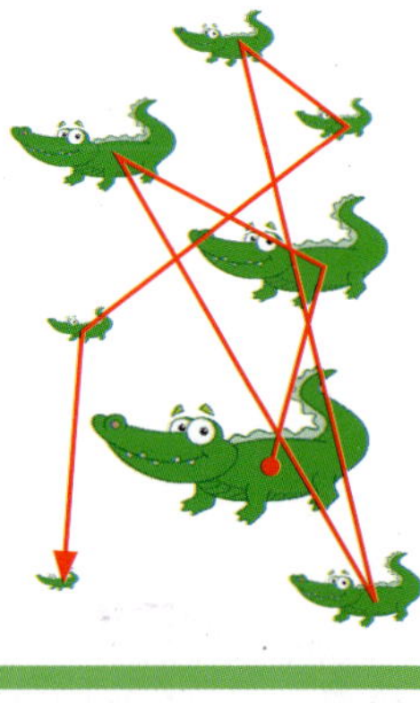